선물자수

장정은 지음

— 소중한 이를 더욱 특별하게 하는 자수 한 땀 —

다산지식하우스

Prologue

하던 일을 그만두고 공허함이 밀려왔을 때,
같이 사는 사람의 잦은 야근으로 마음이 적적했을 때,
때때로 삶이 안겨주는 고민들로 머릿속이 복잡해졌을 때,
자수는 제게 고마운 친구가 돼주었습니다.
수틀에 원단을 끼우고 바늘을 꽂기 시작하면 반나절은 거뜬하게 지나갑니다.
온전히 그 순간에만 집중할 수 있어 어떤 외로움이나 잡념도 느껴지지 않죠.

수를 놓고 예쁜 물건을 만들고 나면 사랑하는 사람에게 선물하고 싶어집니다.
손으로 뭔가를 만들어가는 과정도 즐겁지만
그렇게 만든 선물로 누군가에게 특별한 마음을 전할 수 있다는 건 무척 근사하고 설레는 일입니다.

조금 엉성해도, 완벽하지 않아도 괜찮습니다.
우리의 손을 거친 작은 물건들은 그 자체로 이미 소중하고 특별하니까요.

이 책을 통해 작은 선물을 준비하고 있는 당신과,
당신이 사랑하는 사람들 모두가 행복해졌으면 합니다.

사랑하는 부모님께, 존경하는 선생님께,

좋아하는 친구에게,

내 우주와도 같은 꼬마에게,

그 리 고 여러분의 반쪽 그에게

손자수를 놓아 만든 작은 선물로 마음을 표현해보세요.

조금 엉성해도,

완벽하지 않아도 괜찮습니다.

Contents

Item image / design

mon chéri
남편

셔츠 *small friends*
14 / 79

런치 파우치 *have a nice meal*
16 / 80

여권 커버 *bon voyage*
18 / 81

손수건 *paisley*
20 / 82

주차 번호판 *parking now*
22 / 84

Merci beaucoup
부모님, 선생님

감사 봉투 *special envelope*
24 / 85

꽃 자수 액자 *spring comes*
26 / 86

메시지 카드 *botanical garden*
28 / 87

향기주머니 *parent's day*
30 / 88

petit ange
사랑스러운 아기

배냇저고리 *hello my angel*
32 / 89

구름 네임택 *call my name*
34 / 90

턱받이 *yummy, yummy!*
36 / 92

리본 머리핀 *petite ribbon*
38 / 94

고깔 모자 *party day*
40 / 95

mon amie

친구

앞치마 *it's ok*
42 / 97

브로치 *on your bag*
44 / 98

의자 액자(캔버스) *take a rest*
46 / 99

티코스터 *tea time*
48 / 100

거울 *day by day*
50 / 101

pour moi

나를 위한 선물

레터링 셔츠 *merci beaucoup!*
52 / 103

레터링 반팔티 *salut*
54 / 104

basic

자수의 기본

재료 소개 *materials*
58

소소한 *tip*
62

스티치 소개 *stitch* 16가지 스티치
64

how to make
70

도안 *design* 도안 및 설명
78

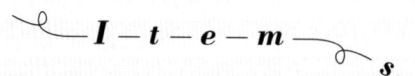

셔츠
Small friends

그의 셔츠 소매 위에 작은 친구들을 선물했다.
손을 움직일 때마다 재킷 소매 밖으로
빼꼼 보이게 될 귀여운 친구들은
무뚝뚝한 그를 웃음 짓게 만들기 충분하다.

도안 p.79

lunch

런치 파우치
Have a nice meal

끼니 챙기는 것을 무엇보다 중요하게 생각하는 그를 위한 런치 파우치.
파우치 속에 들어 있는 정성스러운 음식이 궁금하도록 lunch를 큼지막하게 수놓았다.

만드는 방법 *p.72*, **도안** *p.80*

mon chéri

여권 커버
bon voyage

여행을 좋아하는 그를 위한 여권 커버.
각기 다른 종류의 음표들이 마치 음악이 흘러나오듯 나열돼
여행의 즐거움이 느껴진다.
비슷한 색감으로 두 개를 만들어 커플 여권 커버로 사용해도 좋을 아이템.

도안 p.81

mon
chéri

A B C D E F G H
I J K L M N O P
Q R S T U V W X
Y Z

손수건
paisley

어떤 스타일에도 잘 어울리는 감각적인 페이즐리 패턴의 수를 놓고 그 옆에는 그의 이니셜도 함께 넣었다.
손수건을 사용할 때 자수가 잘 보이는 위치에 수를 놓았다.

도안 p.82

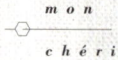

주차 번호판
parking now

그의 차 대시보드 위에서 빛날 수 있도록
깔끔하게 디자인된 주차 번호판.
번호를 알맞게 배치해 한 사람만을 위한
특별한 주차 번호판을 선물하자.

도안 p.84

Merci
 beaucoup

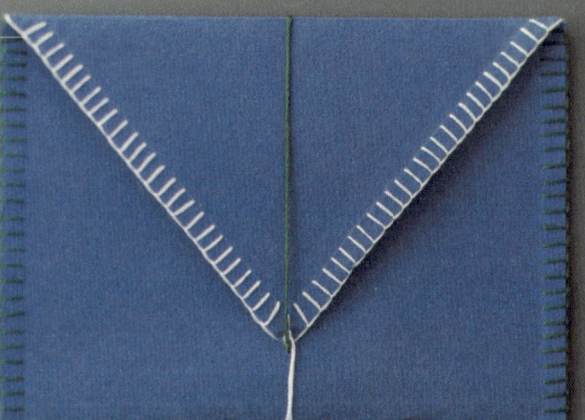

봉투
special envelope

감사한 마음을 담아
용돈을 넣어도 좋고,
사랑하는 마음이 가득 담긴
메시지를 넣어도 좋다.
블랭킷 스티치 하나만으로
특별한 봉투를 디자인했다.

도안 *p.85*

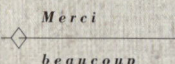

꽃 자수 액자
spring comes

부모님 댁 벽에 걸어드리고 싶은
봄을 닮은 꽃 자수 액자.
묵직한 액자에 끼워드리면
누구든 행복하게 만드는 선물이 된다.

도안 *p.86*

Merci
beaucoup

카드
botanical garden

아름다운 정원을 담은 메시지 카드는
감사한 마음을 전하기도,
사랑하는 마음을 표현하기도 좋다.
다양한 컬러를 섞어도 재밌고
두 컬러로만 단정하게 수놓아도
예쁜 아이템이다.

도안 *p.87*

Merci
beaucoup

향기주머니
parent's day

부모님을 위한 날,
금방 시들어버리는 꽃 대신
작은 주머니 속에 향기를 가득 담았다.
영원히 사라지지 않는 꽃 내음을 선물하자.

도안 *p.88*

for you

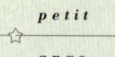

배냇저고리
hello my angel

곧 태어날 아기를 위한 배냇저고리.
천사를 상징하는 날개와 색색의 별을 수놓아
아기를 기다리는 엄마의 마음을 표현했다.

도안 *p.89*

petit ange

구름 네임택
call my name

몽글몽글한 구름 패턴에 아이의 이름을 새겨 귀여운 네임택을 만들었다.
아이의 가방 위에 달아도 좋고 아이의 방 문 앞에 걸어줘도 좋다.
뒷면에는 엄마의 전화번호를 함께 새겨도 좋을 구름 네임택.

만드는 방법 *p.76*, **도안** *p.90*

a b c d e f g h
i j k l m n o p
q r s t u v w x
y z

petit ange

턱받이
yummy, yummy!

탐스러운 체리 자수와 아직은 말 못하는
아기의 마음 속 메시지 yummy를 함께 수놓아 만든 턱받이.
냠냠 맛있게 먹는 아기의 모습이
더 사랑스러워 보이도록 디자인했다.

도안 *p.92*

petit ange

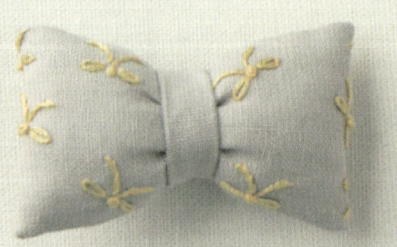

리본 머리핀
petite ribbon

간단한 자수로 내 아이의 머리핀을 만들어보자.
레이지데이지 스티치로 작고 귀여운 리본을 수놓아 앙증맞은 느낌의 리본핀을 만들었다.

만드는 방법 *p.75*, 도안 *p.94*

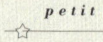

petit
ange

고깔 모자
party day

내 아이의 특별한 날 엄마 손으로
직접 만들어주는 고깔.
큼지막한 숫자와 장미를 수놓아
건강하게 자라준 아이를 축하한다.

도안 p.95

mon amie

everything's gonna be ok

앞치마
it's ok

다 잘될 거야!
아직 요리가 서투른 초보 주부를 향한
응원의 메시지가 담긴 앞치마.
요리하기를 두려워하는 친구에게 건네기 좋은 선물이다.

도안 *p.97*

브로치
on your bag

옷, 가방, 파우치 어디든 달기 좋은 브로치.
선물 받을 친구의 이니셜이 돋보이게 디자인했다.

도안 p.98

A B C D E F G H I
J K L M N O P Q R
S T U V W X Y Z

mon
amie

의자액자
take a rest

'쉼'이라는 의미의 상징적인 의자와
'take a rest' 문구를 수놓아,
업무에 지친 친구를 위로해줄 액자가 완성됐다.
감각적인 컬러로 채우면 친구를 웃게 만들
유쾌한 선물이 될 것이다.

만드는 방법 *p.74*, **도안** *p.99*

mon
amie

티코스터
tea time

발랄한 drink 글자와 함께
동그란 프레임을 수놓아
컵을 올려도 자수가
가려지지 않게 디자인했다.
원하는 위치에 태슬을 달아
경쾌한 느낌의 티코스터를 만들어보자.

도안 *p.100*

mon
amie

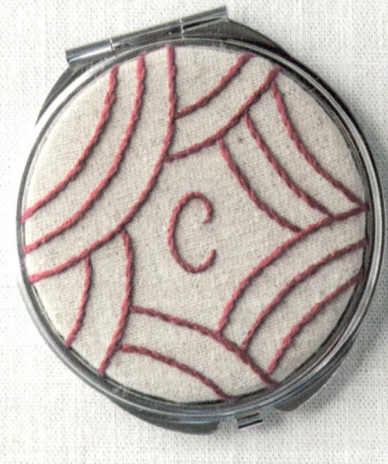

거울
day by day

오직 아웃라인스티치 하나로 수놓아
심플한 느낌으로 디자인된 거울.
친구의 이니셜까지 새겨진 거울은
일상에서 자주 꺼내어 쓸 수 있는 편리하고도
특별한 선물이 된다.

만드는 방법 *p.73*, 도안 *p.101*

pour moi

셔츠
merci beaucoup!

여러 해 입어 조금은 지겨워졌던 셔츠가 자수 하나로 새롭게 탄생했다.
한쪽에는 기분 좋은 메시지를,
다른 한쪽에는 꽃 한 송이를 각각 수놓아
새로 장만한 것보다 특별한 셔츠가 되었다.

도안 *p.103*

pour
moi

티셔츠
salut

다소 밋밋했던 티셔츠에 프랑스 젊은이들이
가벼운 인사를 나눌 때 사용하는 단어인 salut(안녕!)를 수놓았다.
말하지 않아도 만나는 사람에게 반가움을 전할 수 있는 티셔츠가 된다.

도안 *p.104*

재료 소개
materials

01
자수 실

advice

- 실은 한 번 사용 시 50-60cm 정도를 잘라 사용합니다.
- 실 가닥수에 따라 사용한 바늘 (클로버 바늘 기준)

  6~8가닥 - 3호

  3~4가닥 - 5호

  1~2가닥 - 7호

수를 놓을 때 가장 일반적으로 사용되는 25번 자수 실은 6가닥의 실이 한 줄처럼 꼬여 있으며 25는 실의 굵기에 따른 번호입니다. 저는 프랑스의 dmc 25번사를 주로 사용하는데, dmc의 실은 컬러가 아주 다양하고 수놓았을 때 결이 고운 점이 특징입니다. 저는 옷을 고르는 것과 같은 마음으로 실을 고릅니다. 여러 가지 색의 실들을 어울리도록 고르는 작업은 어쩌면 옷을 고르는 것보다 고민되는 일일지도 모릅니다. 단아하고 차분한 색부터 화려하고 감각적인 색까지 선택의 폭이 넓은데다 새로운 실들도 꾸준히 추가되고 있으니 옷을 입는 것 같은 즐거운 마음으로 원단에 아름다운 색을 입혀보세요.

광목, 무명, 코튼, 데님, 리넨 등 대부분의 원단에 자수를 놓을 수는 있지만 수를 처음 시작하는 사람이라면 가급적 조직이 탄탄한 리넨이나, 면과 리넨이 혼방된 코튼리넨을 추천합니다. 또한 어두운 원단보다는 밝은 원단이 수를 놓기가 훨씬 수월하죠. 이 책에서는 주로 코튼리넨을 사용해 소품을 만들었으며 질감이 부드러운 것이 특징입니다. 나중에 세탁을 했을 때 원단이 수축하여 작품이 변형되는 것을 막기 위해 가급적 한 번 세탁한 원단에 수놓는 것을 권장합니다.

02
원단

advice

수를 놓은 뒤 다림질을 할 때는 뒷면을 다려서 앞면의 자수가 눌리는 일이 없게 주의하세요.

재료 소개
materials

3	바늘	이 책에서는 클로버 바늘을 사용했다. 바늘의 번호가 커질수록 가늘고 작은 바늘이며, 사용하는 실 가닥수에 따라 그에 맞는 바늘을 사용하도록 한다.
4	시침핀&핀쿠션	시침핀은 도안을 고정시키거나 작품을 만들 때 원단을 고정하는 용도로 사용한다. 핀쿠션이 있으면 시침핀이나 바늘을 잃어버리는 일을 방지할 수 있다.
5	수틀	천을 팽팽하게 당겨주는 틀로, 사이즈는 도안의 크기에 맞춰 사용한다. 지름 10cm 정도의 수틀이 한 손으로 잡고 수를 놓기 가장 편하다.
6	실 자르는 가위	끝이 뾰족하고 가는 타입을 사용하도록 한다.
7	재단 가위	원단을 재단할 때는 반드시 천이 잘 잘라지는 재단 전용 가위를 사용한다.
8	투사지	도안을 옮길 때 사용하는 얇은 종이.
9	먹지	도안을 원단에 옮길 때 사용하는 것으로 밝은 색 원단에는 어두운 색 먹지를, 어두운 색 원단에는 밝은 색 먹지를 사용하도록 한다. 먹지는 물에 잘 지워지지 않는 게 특징이므로 너무 진하게 옮기지 않도록 한다.
10	철필	도안을 따라 꾹 눌러 사용하며 볼펜을 사용해도 무방하다.
11	실꿰기	실을 바늘구멍에 끼울 때 사용하는 것으로 여러 가닥의 실을 끼울 때도 편리하게 사용된다.
12	수성펜&열펜	도안을 옮긴 후 수정할 때 사용한다. 수성펜은 물로 쉽게 지워지지만 간혹 밝은 원단에 사용 시 번진다는 단점이 있다. 이를 보완하기 위해 60도 이상의 온도에서만 지워지는 열펜을 사용하기도 한다.
13	재봉실	소품을 만들기 위해 꿰맬 때는 단단한 재봉실을 사용합니다(자수 실은 수를 놓을 때만 사용합니다).

만드는 방법
소소한 *tip*

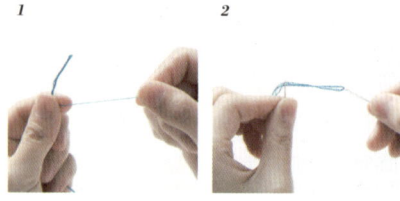

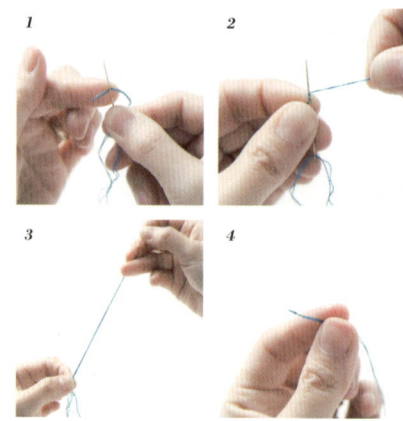

실 빼고 끼우는 법

1. 여섯 가닥의 실이 꼬여있는 dmc 25번사는 필요한 가닥만큼 뽑아 사용한다. 3줄이 필요한 경우에도 6줄이 필요한 경우에도 꼭 한 줄씩 뽑아 정리한 후 사용해야 깔끔한 자수를 놓을 수 있다.
2. 바늘귀에 실꿰기를 끼운 후 고리에 실을 걸어준 뒤 잡아당기면 쉽게 실을 끼울 수 있다.

구슬매듭 만드는 법

1. 실 끝과 바늘을 겹쳐 십자가 모양을 만든다.
2. 실과 바늘이 포개고 손으로 잘 잡은 뒤 다른 쪽 손으로 바늘에 실을 두 번 정도 감아준다. 많이 감을수록 매듭은 커진다.
3. 돌린 부분을 엄지와 검지로 잘 잡아준 뒤 다른 쪽 손으로 바늘을 잡고 위쪽으로 살살 빼낸다.
4. 구슬매듭 완성!

도안 그리는 법

1. 도안을 옮긴 투사지를 테이프나 시침핀으로 원단에 고정한 후 먹지를 원단과 투사지 사이에 밀어 넣는다. 먹지까지 시침핀으로 고정할 경우 원단에 자국이 남으므로 먹지에는 시침핀을 꽂지 않도록 한다.
2. 철필이나 볼펜을 이용해 도안을 따라 꾹 눌러가며 그려준다.
3. 도안이 옮겨졌다.

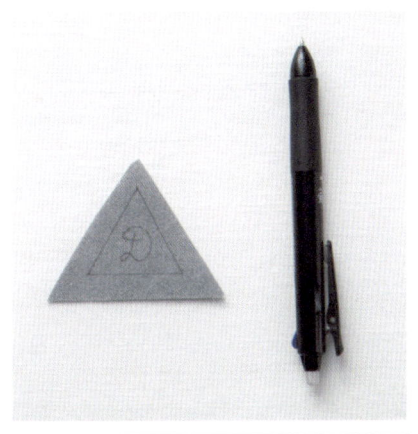

수틀 사용법

수틀은 나사를 돌리면 분리된다. 나사가 없는 쪽은 원단 아래로, 나사가 있는 쪽은 원단 위로 가게 한 다음 수틀끼리 맞물리게 끼워준다. 나사를 다시 조여 원단을 팽팽하게 한다.

펠트에 도안 옮기는 법

펠트는 먹지를 이용해 도안을 옮기는 게 어려우므로 열펜이나 수성펜을 이용해 도안을 보고 밑그림을 그린다.

끝단 올풀림하는 법

핀을 이용해 천의 올을 한 줄씩 빼내며 풀어준다.

스티치 소개
stitch

백 스티치
back stitch

꽂은 땀만큼 되돌아가며 놓는 스티치로 모든 땀이 붙어 있으며 땀의 길이가 같아야 예쁘다.

러닝 스티치
running stitch

점선 모양의 스티치로 일정한 간격을 유지하며 놓는다.

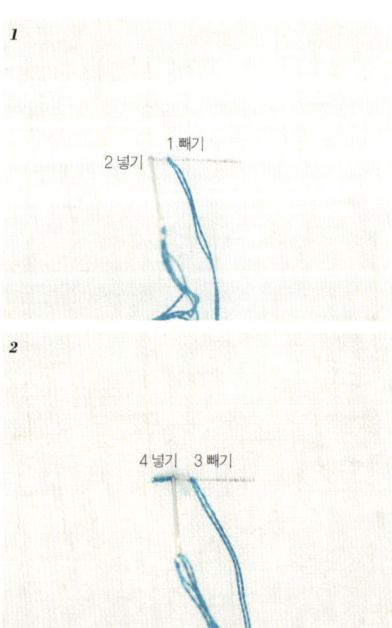

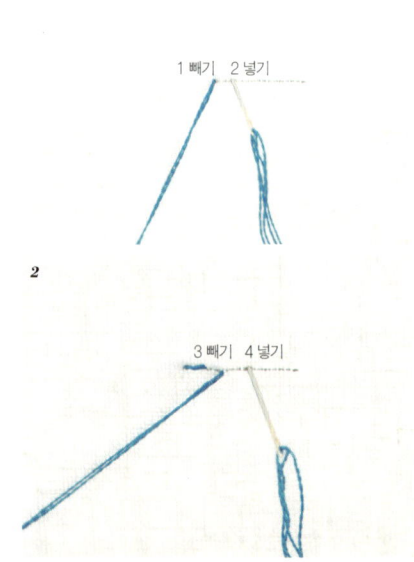

책에서 사용된 스티치는 총 16가지로, 수를 놓을 때 자주 사용하는 기본적인 것뿐만 아니라 사용 빈도는 낮지만 사용했을 때 독특하고 재미있는 느낌이 나는 것도 있습니다. 예쁘게 수놓을 수 있는 요령도 함께 소개해드릴게요.

휘프러닝 스티치
whipped running stitch

러닝스티치에 실을 감아나가는 스티치로 바늘이 천에 꽂히지 않도록 바늘귀 쪽으로 통과한다.

아웃라인 스티치
outline stitch

테두리나 꽃의 줄기에 쓰이는 가장 대표적인 스티치. 한 땀 전진한 후 반 땀 후퇴하는 방법으로 수를 놓는다. 곡선에서는 땀을 작게 잡아야 모양이 매끈하게 표현된다.

스트레이트 스티치
straight stitch

짧은 선을 표현하는 스티치로 위에서 아래로 한 땀 놓는다.

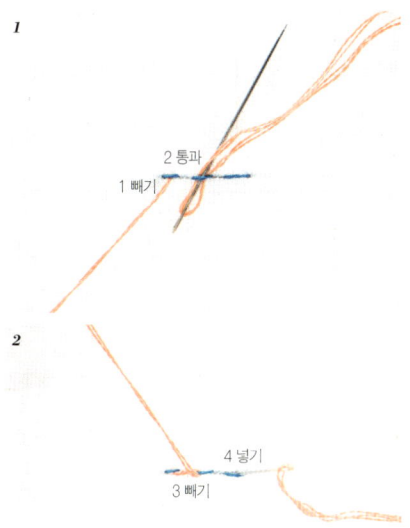

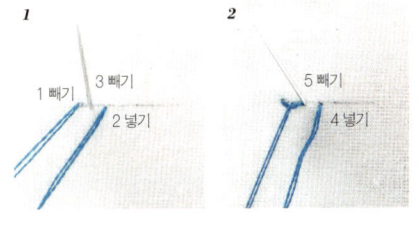

tip
아웃라인으로 'ㄱ' 모양 예쁘게 수놓기
한 땀 아래에서 아웃라인이 끝난 지점까지 바늘을 꽂아 다시 아웃라인을 시작하면 깔끔하게 모서리를 표현할 수 있다.

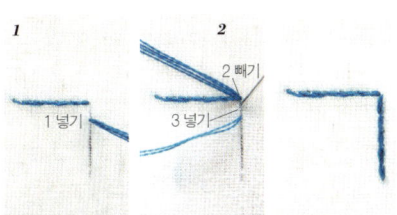

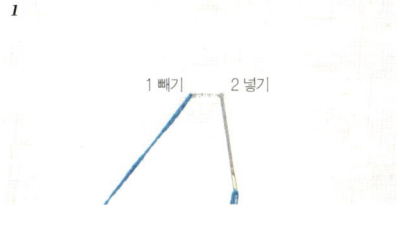

tip
스트레이트 스티치로 꽃잎을 수놓을 때는 실을 한 올 한 올 잘 보이게 바늘로 밀어 고르게 펴 준 다음 놓는다.

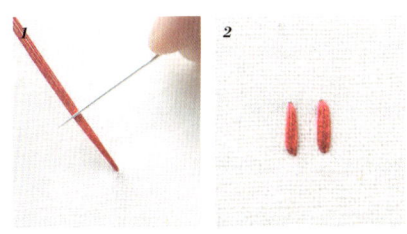

체인 스티치
chain stitch

사슬 모양의 스티치로 선을 수놓을 때, 면을 채울 때 등 다양하게 쓰인다. 면을 채울 때는 땀이 너무 크지 않게 놓아야 예쁘다.

휘프체인 스티치
whipped chain stitch

체인스티치에 실을 감아나가는 스티치로 바늘이 천에 꽂히지 않도록 바늘귀 쪽으로 통과한다.

레이지데이지 스티치
lazy-daisy stitch

작은 꽃잎이나 잎사귀를 표현할 때 사용하며 잡아당기는 힘을 조절해 모양이 너무 작아지지 않도록 주의한다.

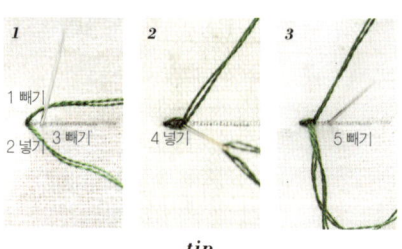

tip
1. 첫번째 체인 아래로 바늘을 밀어넣어 빼준다.
2. 마지막 체인의 고리 안으로 바늘을 꽂아 넣어 체인스티치를 자연스럽게 연결한다.

체인스티치를 이용해 면을 채울 때 아래 사진처럼 마무리를 하면 '의자 액자(p.46)'와 '무당벌레(p.14)' 등을 예쁘게 완성할 수 있습니다.

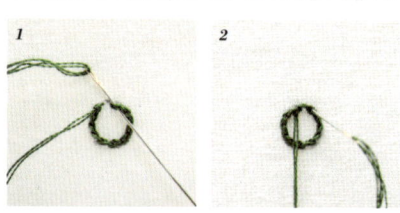

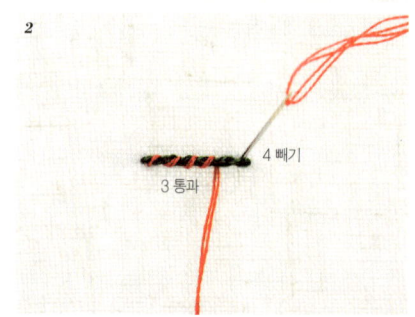

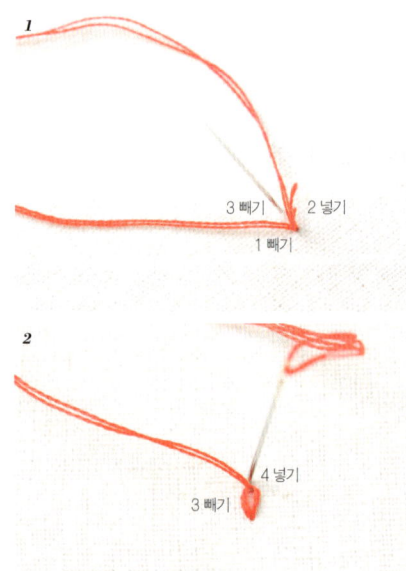

66

레이지데이지+스트레이트 스티치
lazy-daisy+straight stitch

볼록한 꽃잎이나 잎사귀를 표현할 때 주로 사용하며 이 책에서는 음표의 머리를 수놓는 데도 사용했다. 레이지데이지를 한 후 실을 잘 펴준 상태에서 스트레이트 해야 예쁘게 수놓을 수 있다.

레이지데이지 스티치 전체를 덮어주듯 수를 놓는다.

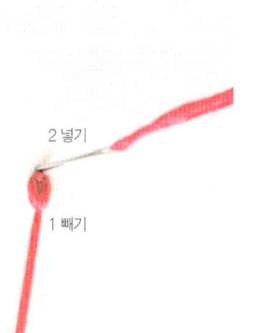

프렌치넛 스티치
French knot stitch

씨앗 모양의 대표적인 매듭 스티치로 꽃의 수술을 표현할 때 가장 많이 사용한다. 기본 감는 횟수는 2번이며 프렌치넛을 크게 놓고 싶을 때는 실 가닥수를 늘리도록 한다.

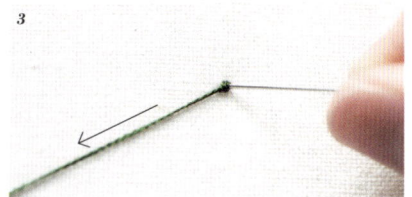

새틴 스티치
satin stitch

같은 방향으로 스트레이트 스티치를 연속해 놓아가면서 작은 면을 채우는 스티치이다. 면을 분할하듯이 채워나가며 더 깔끔한 새틴 스티치를 놓을 수 있다.

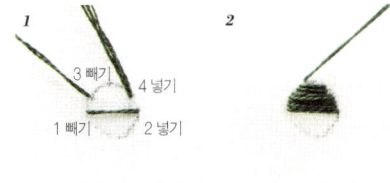

tip

아웃라인으로 선을 두른 후 새틴스티치를 하면 더욱 도톰한 느낌으로 표현할 수 있다.

리프 스티치
leaf stitch

나뭇잎을 만들 수 있는 가장 대표적인 스티치. 아래로 한 땀 작게 스트레이트 한 후 좌우 순서대로 바늘을 꽂고 첫 땀의 아래 구멍으로 바늘이 올라와 실을 걸어주는 방식으로 진행하며 나뭇잎 결 모양으로 촘촘하게 채워야 예쁘다.

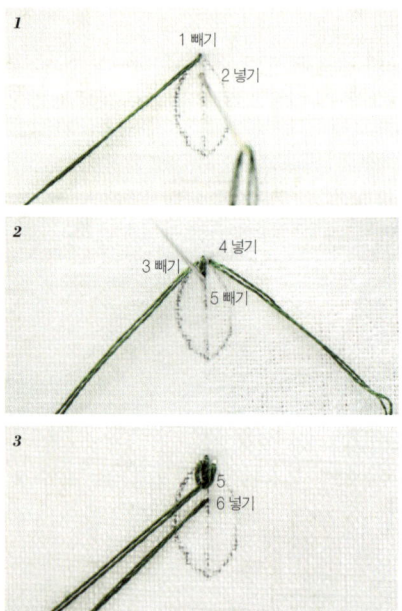

페더 스티치
feather stitch

식물의 줄기를 표현하는 스티치로 하나의 선을 기준으로 좌우로 왔다갔다하며 실에 실을 걸어주는 방식으로 위에서 아래로 진행한다.

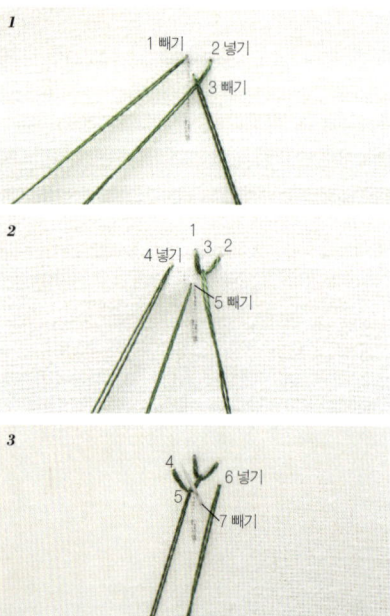

로즈 스티치
rose stitch

한 점을 중심으로 다섯 개의 스트레이트 스티치를 놓는다. 그 후 중심점 가까운 지점에 바늘을 밀어 올려준 뒤 스트레이트스티치를 하나씩 번갈아 통과해 장미모양이 될 때까지 돌려준다. 천에 바늘이 꽂히지 않게 바늘귀 쪽으로 통과하도록 한다.

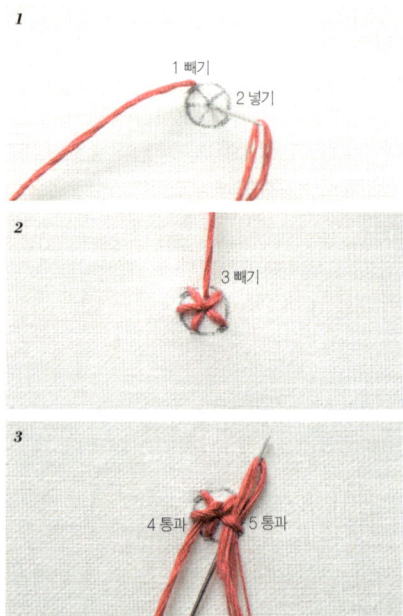

블랭킷 스티치
blanket stitch

담요의 끝단에서 주로 볼 수 있는 모양의 스티치로 일정한 간격으로 수놓아야 예쁘다.

터키 스티치
stitch

양탄자와 같은 고리를 만드는 스티치로 러그스티치라고도 부른다. 고리형태로 만든 실을 연속적으로 촘촘하게 겹쳐 면을 채운다. 이 책에서는 스티치를 완성한 후 모든 고리를 잘라 풍성한 느낌의 카네이션을 표현했다.

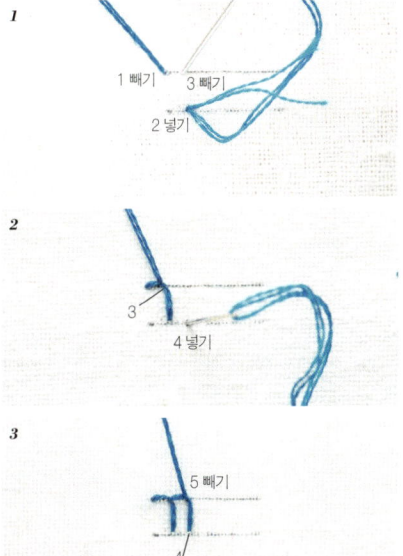

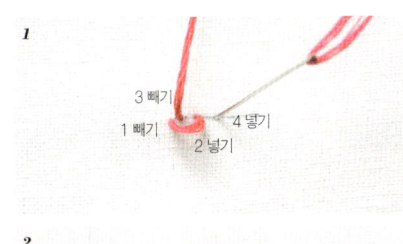

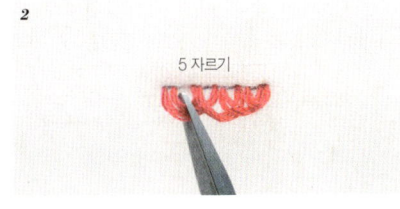

How ——— *to* ——— *make* ⌒

런치 파우치
Have a nice meal

1 수놓은 겉감(회색)과 안감(베이지색)을 각각 반으로 접는다. 입구 쪽을 제외한 두 변 모두 시접 1cm씩 남기고 ㄴ자로 박음질한다. 입구 쪽은 끈 통로를 만들어야 하므로 7cm 아래(노랑 시침핀 위치)까지만 박는다.

2 겉감은 끈 통로 입구 쪽 시접을 안쪽으로 접고 ㄷ자 모양으로 박는다.

3 안감은 시접이 안으로 들어가게 뒤집는다. 입구 쪽 원단을 안으로 접은 후 **3-1**처럼 안감 안에 겉감을 집어넣는다

4 끈 통로를 만들기 위해 겉감 입구를 4cm 정도 밖으로 접는다. 안감의 입구와 겉감이 살짝 포개지도록 겹쳐놓은 뒤 시침핀으로 고정한다. **4-1**처럼 겉감과 안감이 잘 붙을 수 있게 박음질해준다.

5 완성된 주머니를 뒤집은 후 끈을 통과시킨다. 끈에 매듭을 만들거나 태슬을 달아 마무리하면 파우치 완성!

거울
day by day

1 수놓은 원단에 원형 프레임을 대고 2cm 정도 넓게 시접이 될 원을 그려준다.
2 시접보다 1cm 안쪽 지점을 큼직하게 홈질한다.
3 원단에 원형 프레임을 넣고 실을 잡아당겨 오므려준다. 원단 사이를 별을 그리듯이 왔다 갔다 하며 단단하게 꿰매준다.
4 거울 뚜껑에 목공풀을 바른 뒤 **4-1** 자수가 새겨진 원형 프레임을 붙여 완성한다.

캔버스액자
take a rest

1 캔버스 위에 작품을 올려 사방의 모서리를 표시한다.(프레임이 없으므로 위치를 잘 맞춰야 예쁜 액자가 완성된다.)
2 캔버스에 딱풀을 고르게 바른 후 **2-1** 수놓은 원단을 잘 붙여준다.
3 모서리 부분이 울지 않도록 안쪽으로 접어 깔끔하게 정리해준다.
4 뒤쪽에서 타카(tacker)로 고정시켜준다.
5 뒷면의 남은 원단을 가위로 잘라내 정리하고 **5-1** 끝단이 보이지 않게 마스킹테이프를 붙여 깔끔하게 마무리한다.

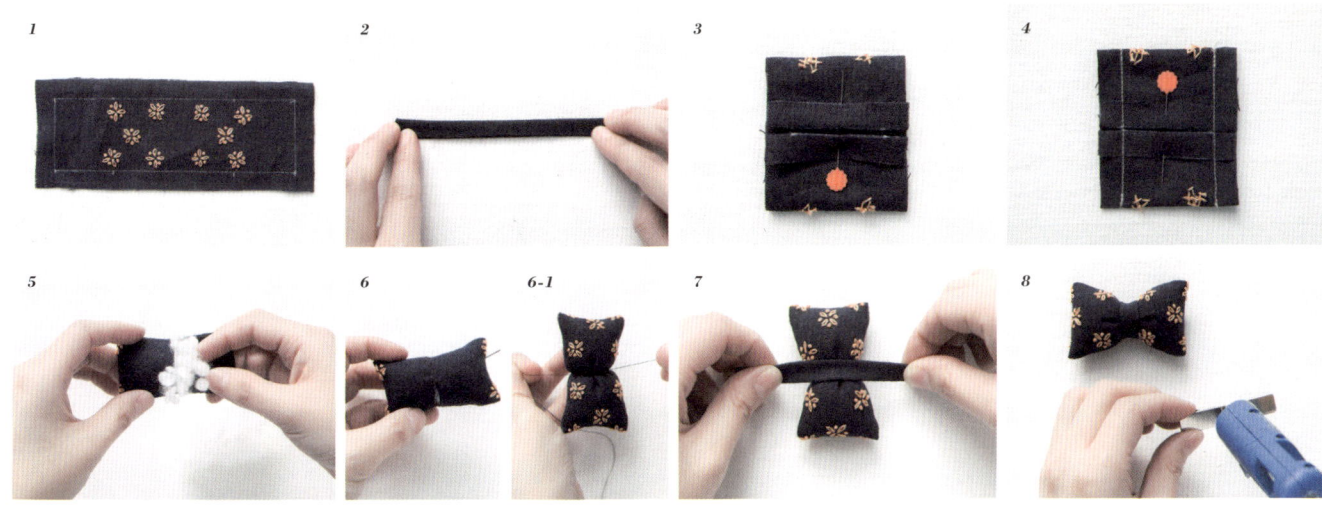

리본 머리핀
petite ribbon ☆

1. 수를 놓은 다음 4변에 시접 1cm를 남기고 재단한다.
2. 같은 색 원단을 두 번 접어 1cm 폭의 띠를 만들어둔다.
3. 자수가 뒤로 가게 뒤집은 후 양쪽 끝의 시접을 안으로 접어주고 중앙에서 만나도록 맞댄 다음 시침핀으로 고정한다.
4. 좌우로 시접 1cm를 남기고 각각 박음질한다.
5. 중앙의 입구를 통해 뒤집은 뒤 수예용 솜을 가득 채워 모양을 만든다.
6. 입구를 공그르기해서 막는다. **6-1** 리본 모양이 예쁘게 잡히도록 실로 감은 뒤 단단하게 묶는다.
7. 실 위로 **2**의 띠를 감고 뒤쪽에서 바느질로 고정해준다.
8. 글루건을 이용해 집게핀을 붙여준다.

구름 네임택
call my name

1. 시접 1cm를 남기고 구름 패턴으로 재단한 두 장의 원단을 자수가 안으로 들어오게 겹친다. 사진과 같이 두 장의 원단 사이에 반으로 접은 리본끈을 끼운 후 시침핀으로 한꺼번에 고정한다.
2. 아래쪽에 5cm의 창구멍을 남기고 구름 모양대로 촘촘하게 박는다.
3. 뒤집었을 때 예쁜 모양이 나오도록 시접 부분에 가위집을 낸다.
4. 창구멍으로 뒤집은 뒤 수예용 솜을 넣고 공그르기로 창구멍을 막아준다.

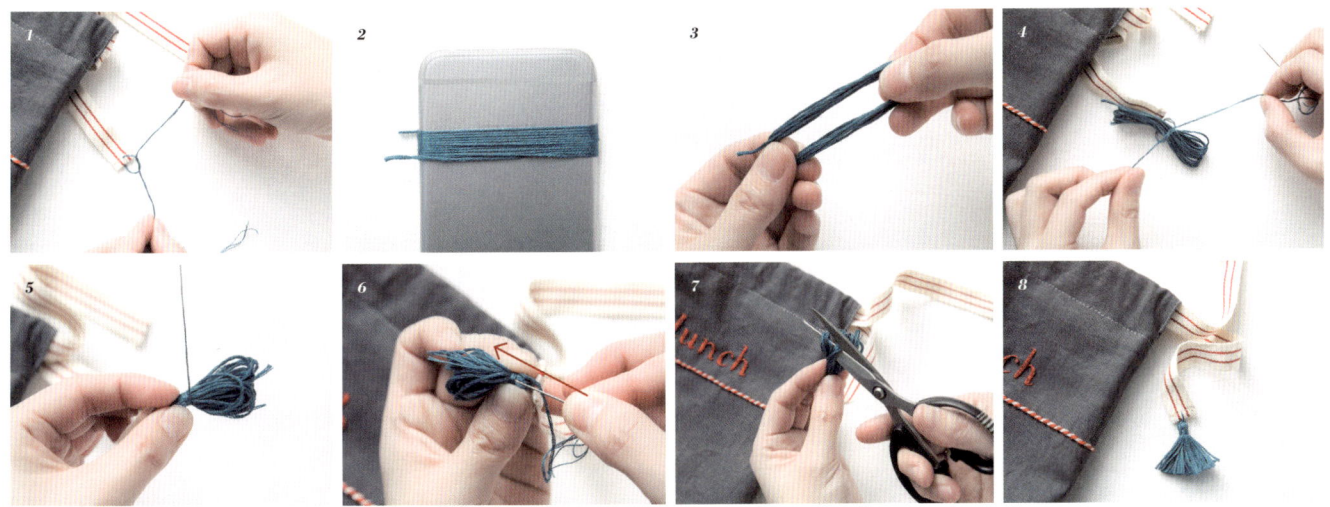

태슬
Have a nice meal

1. 바늘에 실 3가닥을 꿴 뒤 태슬을 달고자하는 곳을 꿰어 2번 정도 묶어준다. 이 때 바늘은 태슬 달기를 마무리할 때까지 실에서 빼지 않도록 한다.
2. 적당한 두께의 물건에 실을 여러 번 감아준다. (많이 감을수록 태슬이 풍성해진다)
3. 감은 실을 그대로 빼낸다.
4. *1*의 실로 *3*의 가운데 부분을 단단하게 묶어준다.
5. *4*를 반으로 접은 뒤 태슬의 머리가 될 부분을 잡고 *1*의 실로 단단하게 감아준다.
6. 단단히 감긴 실에 바늘을 (위에서 아래 방향으로)통과시킨다.
7. 태슬의 고리를 자르고 길이를 다듬어 원하는 크기로 만들어준다.
8. 완성

도안
design

※ 일러두기 입니다.

1 모든 실은 dmc 25번사를 사용했습니다.

2 숫자는 실 색상 번호이고, ( )안의 숫자는 실의 가닥수입니다.

3 사이즈는 cm가 기본 단위입니다. (8×8은 가로×세로 각 8cm)

4 준비물은 아이템 제작에 꼭 필요한 것들만 표기했습니다.
   (자수 놓을 때 필요한 재료들은 '재료 소개' p.58 참고 바랍니다.)

5 도안 일러스트의 S는 스티치이며, 각 부분에 사용한 스티치를 표기하였습니다.

6 기본적으로 도안은 실물 크기이며, 확대/축소가 필요한 것은 따로 표기하였습니다.
   (50% 축소, 200% 확대 등)

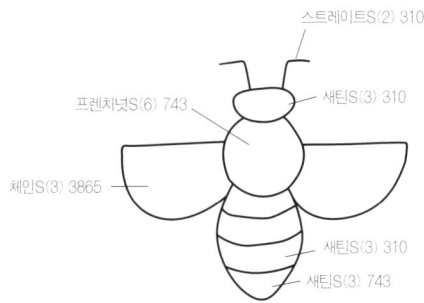
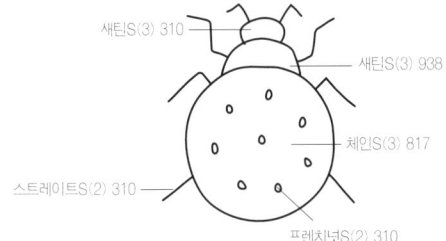

01 셔츠
mon chéri

준비물 | 시판용 셔츠
실 | 꿀벌(3865, 310, 743) 무당벌레(938, 310, 817)
셔츠의 원하는 위치에 도안을 옮겨 수를 놓는다.

advice. 수놓을 용도의 시판용 셔츠를 고를 때는 너무 얇지 않고 신축성이 적은 소재를 선택하는 게 좋습니다.

스트레이트S(2) 321
아웃라인S(2)로 채운다
프렌치넛S(2)
휘프체인S(6) 321, 3893

02 런치 파우치
mon chéri

준비물 | 리넨 40*28 2장(겉감 1, 안감1), 리본
실 | 321, 3893
규격 | 18×22

how to make. 런치 파우치(p.72), 태슬(p.77) 참조

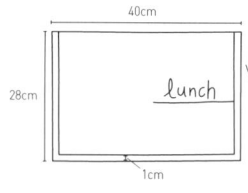

겉감을 시접 1cm씩 남기고 재단한 뒤, 그림과 같은 위치 (위에서 11cm 지점)에 수를 놓는다.

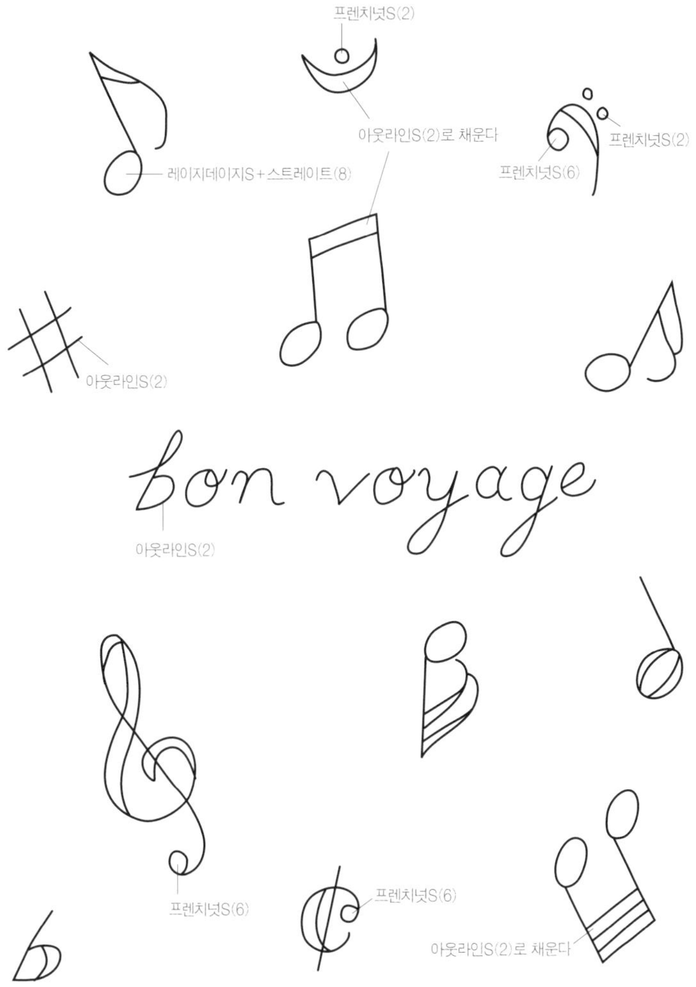

프렌치넛S(2)
아웃라인S(2)로 채운다
프렌치넛S(2)
레이지데이지S+스트레이트(8)
프렌치넛S(6)
아웃라인S(2)
bon voyage
아웃라인S(2)
프렌치넛S(6)
프렌치넛S(6)
아웃라인S(2)로 채운다

※ 모든 음표의 머리는 레이지데이지S+스트레이트S(8)

1 **그림1**과 같이 겉감의 오른쪽에 수를 놓은 다음 시접 1cm를 남기고 재단한다.

2 여권 슬롯이 될 원단 2장의 입구를 두 번 접어 박은 뒤, (겉감과 같은 사이즈로 재단된) 안감의 좌우에 맞춰 시침핀으로 고정해준다.

3 ***1***과 ***2***를 겉면끼리 맞대어 고정한 뒤 창구멍 6cm를 남기고 시접 라인을 박음질 한 뒤 모든 모서리에 가위집을 내고 뒤집어준다.

4 압축솜을 표시된 크기대로 잘라 창구멍으로 집어넣고 단단하게 모양을 잡아준 뒤 창구멍은 공그르기로 막는다.

그림1
겉감
24cm
자수
16cm
1cm
그림2
안감
24cm
16cm
16cm
16cm
6cm
6cm
그림3
창구멍 6cm
겉감
(안)
1cm

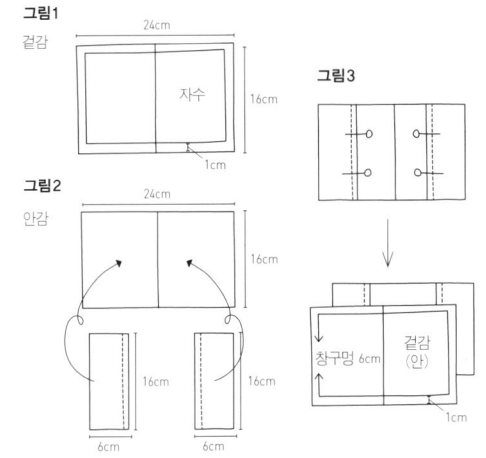

03 여권 케이스

mon chéri

준비물 | 리넨 27×19 2장(겉감1, 안감1),
리넨 8×16 2장 (여권 슬롯), 압축솜 21×13
실 | 흰색 여권케이스(310), 검정색 여권케이스(ecru)
규격 | 펼쳤을 때 22×14, 접은 뒤 11×14

04 손수건
mon chéri

준비물 | 시판용 손수건 1장
실 | 814, 939, 3345 , 알파벳 대문자 a 319
규격 | 30×30
손수건의 원하는 위치에 도안을 옮겨 수를 놓는다.

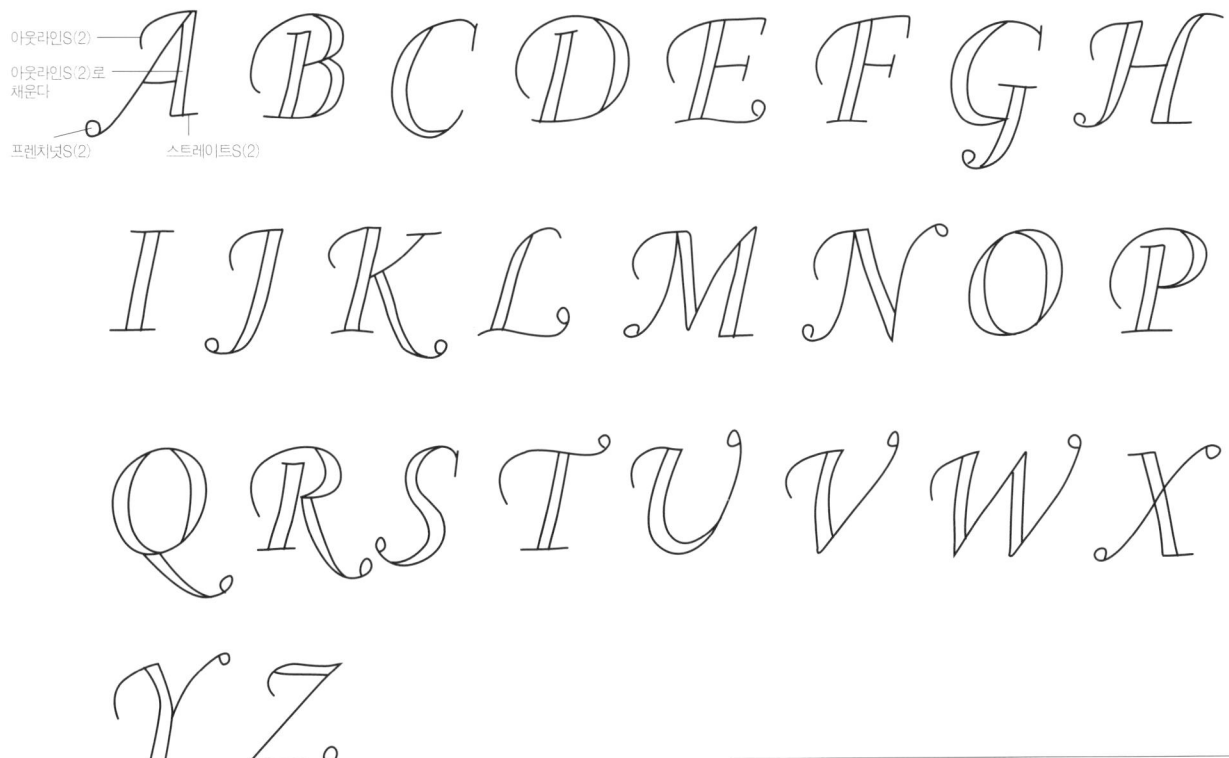

알파벳
대문자 a

1 리넨 한 가운데에 도안을 옮겨 수를 놓는다.
2 하드보드지에 딱풀을 고르게 바른 뒤 수놓은 원단을 붙이고 뒤쪽에서 테이프로 원단 끝을 고정시켜준다.
3 글루건을 이용해 뒷면 빈 부분에 펠트지를 붙여 깔끔하게 마무리한다.

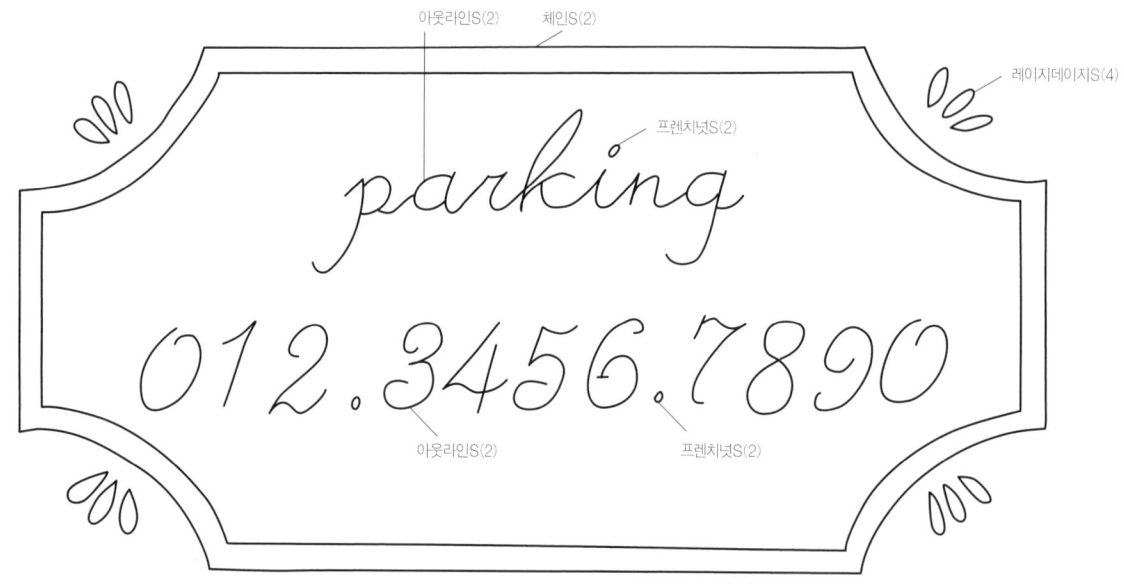

05 **주차 번호판**
mon chéri

준비물 | 리넨 18×11 1장, 하드보드지, 펠트지 14×7 1장, 딱풀, 테이프, 글루건
실 | 319(회색판), 3752(갈색판)
규격 | 15×8

advice. 작은 글씨를 수놓을 때는 아웃라인의 땀을 작게 하세요.

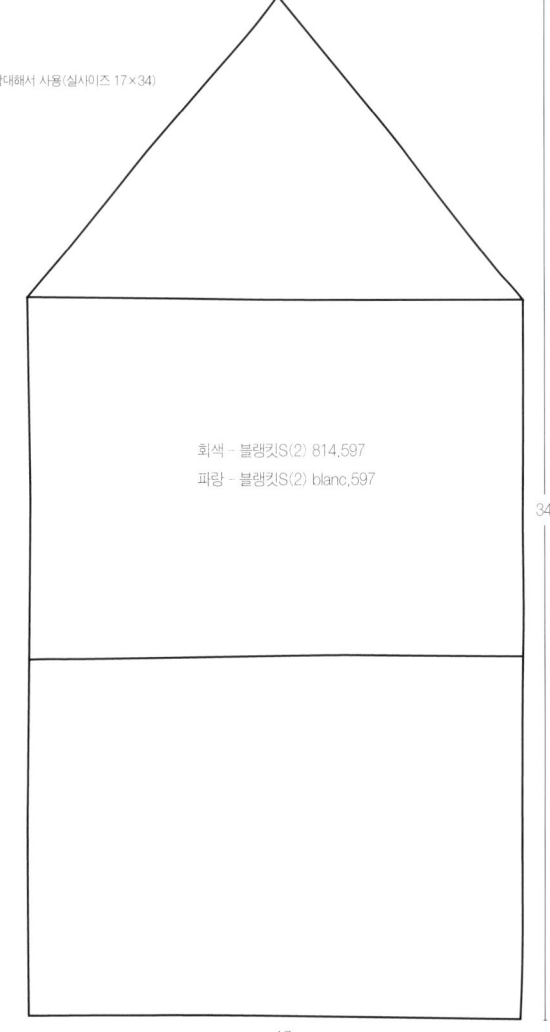

※ 250% 확대해서 사용(실사이즈 17×34)

회색 - 블랭킷S(2) 814,597
파랑 - 블랭킷S(2) blanc,597

1 펠트지 위에 패턴을 대고 수성펜으로 그린 후 잘라준다.

2 그림의 a와 b가 맞닿게 접은 다음 시침핀으로 고정한다. 블랭킷 스티치를 반듯하게 놓기 위해 그림과 같이 a+b의 겉면과 c의 겉면 외곽선 0.7cm 안쪽에 선을 그려준다.

3 그려둔 선에 일정한 간격으로 블랭킷 스티치를 놓은 후 봉투를 여밀 수 있게 바늘에 여섯 가닥의 실을 끼워 준비한다.

4 그림에 표시된 위치에 바늘을 통과시킨 후 그 위로 매듭을 만들어 끈이 빠지지 않도록 한다.

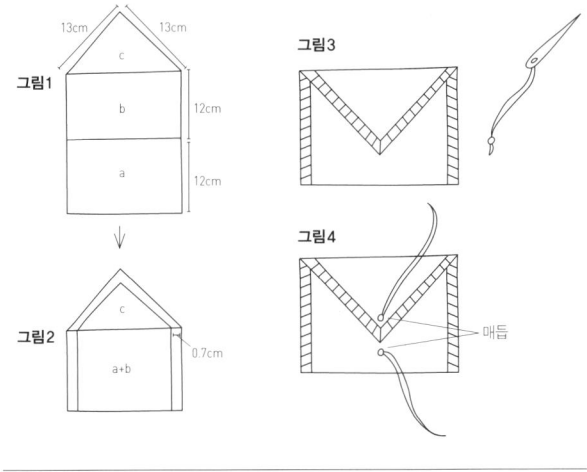

06 감사 봉투
Merci beaucoup

준비물 | 펠트지 1장
실 | 회색 봉투 814, 597
파랑색 봉투 3818, blanc
규격 | 17×12

| 07 | 꽃 자수 액자 *Merci beaucoup* | 준비물 l 리넨 40×50 1장 , 액자 30×40, 하드보드지 30×40, 딱풀, 테이프 실 l 726, 319, 3363, 3865 규격 l 30×40 |

1 원단의 한가운데 도안을 옮겨 수를 놓는다.
2 하드보드지에 딱풀을 발라 원단을 반듯하게 붙여둔 뒤 뒤쪽을 테이프로 고정시키고 액자에 넣어준다.

advice. 꽃은 줄기 → 이파리 → 수술 → 꽃잎 순으로 수놓는다.
체인 스티치로 면을 채울 때는 땀 길이를 작게 한다.

1. 원단에 8×8의 프레임을 그려준 뒤 도안이 프레임에 꽉 차게 옮긴다. 수를 놓고 프레임 밖으로 시접 2cm 남기고 자른다.
2. 겉지의 오른쪽 면에 **그림1**과 같이 8×8 사이즈의 사각형을 그린 후 칼로 깔끔하게 잘라낸다. 철필을 이용해 가운데 부분에 힘을 주고 선을 그려 카드가 깔끔하게 접히도록 만들어둔다.
3. 겉지 안쪽에 본드를 바르고 수놓은 원단을 붙인다. 잘라낸 구멍으로 자수가 보이도록 위치를 잘 맞춘다.
4. 준비해둔 속지에도 본드를 발라 원단 뒷부분에 붙인 뒤 건조시킨다.

08 메시지 카드
Merci beaucoup

준비물 | 리넨 14×14 1장, 두꺼운 종이 26×13(겉지) 1장 12.7×13(속지) 1장, 목공용 본드
실 | 갈색 프레임(347, 319, 742, 367, 900, 813, 939, 938) 핑크 프레임(367, 152, 310)
규격 | 13×13

advice. 줄기부터 수 놓으세요.

1. 12×34 사이즈의 원단을 준비한다. **그림1** 과 같은 위치에 수를 놓고 좌우 시접 1cm씩 남겨두고 재단한다.
2. 원단의 윗단과 아랫단은 별도의 박음질 없이 올을 풀어 자연스러운 느낌을 만들어준다. (소소한 tip - '끝단 올풀림하는 법' p.63 참조)
3. 자수가 안으로 들어오게 접은 뒤 시침핀으로 고정하고 좌우의 시접라인을 각각 박음질해준다.
4. 입구를 통해 뒤집은 뒤 포푸리를 집어넣고 리본으로 묶어 준다.

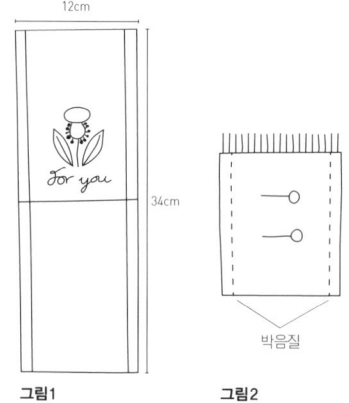
그림1 그림2

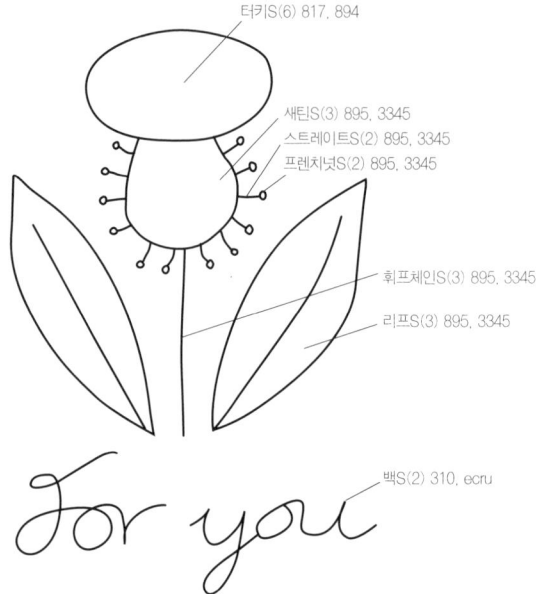

터키S(6) 817, 894
새틴S(3) 895, 3345
스트레이트S(2) 895, 3345
프렌치넛S(2) 895, 3345
휘프체인S(3) 895, 3345
리프S(3) 895, 3345
백S(2) 310, ecru

09 향기주머니
Merci beaucoup

준비물 | 리넨 12×34 1장, 리본
실 | 빨강색(895, 817, 310), 분홍색(894, 3345, ecru)
규격 | 10×17

advice. 꽃에 사용된 터키 스티치는 촘촘한 간격으로 수놓아야 예뻐요

10 배냇저고리
petit ange

준비물 I 시판용 배냇저고리
실 I 3818, 310, 721, 3837, 726, 518
배냇저고리의 원하는 위치에 도안을 옮겨 수를 놓는다.

advice. 신축성이 많은 면에 수를 놓을 때는 원단이 늘어날 수 있으므로, 너무 힘을 주어 잡아당기지 않도록 주의합니다.

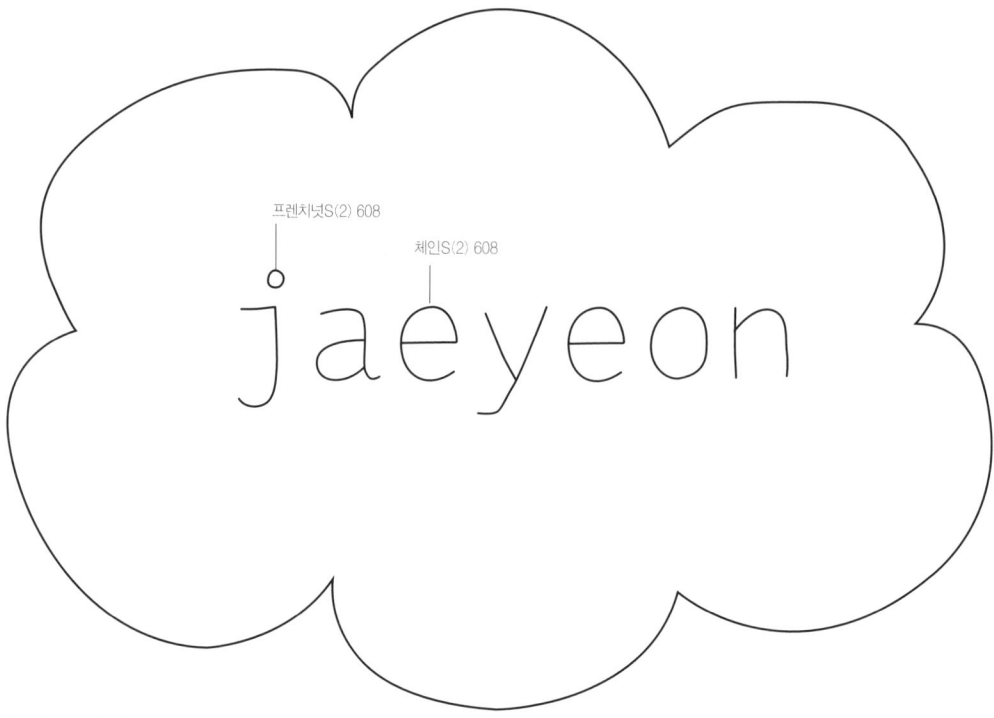

| 11 | 구름
네임택
petit ange | 준비물 l 리넨 18×14 2장 (겉감1,안감1), 리본
실 l 하늘색 구름(주황색 글씨 608),
분홍색 구름(파란색 글씨 3891), 알파벳 소문자(3865)
규격 l 13.5×9.5
겉감의 중앙에 도안을 옮겨 수를 놓고 원단 뒷면에 패턴을 옮긴 뒤
시접 1cm를 남겨두고 자른다. 안감도 같은 모양으로 잘라둔다.

how to make. 구름 네임택(p.76) 참조 |

알파벳
소문자

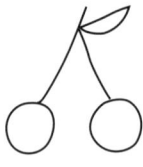
※ 125% 확대해서 사용

아웃라인S(3) 3345 로 채운다
아웃라인S(3)3345
새틴S(3)666

1. 겉감에 도안을 옮겨 수를 놓고 원단 뒷면에 패턴을 옮긴 후 시접 1cm를 남기고 재단한다.
2. 안감도 똑같이 재단한다. 자수가 안쪽으로 들어가도록 맞댄 후 창구멍 6cm를 남기고 박음질한다.
3. 뒤집었을 때 모양이 깔끔해질 수 있게 시접에 1~2cm 간격으로 가위집을 낸다.
4. 창구멍을 통해 뒤집고 모양을 잡아준 뒤 창구멍을 공그르기로 막는다.
5. 그림2 표시부분에 벨크로를 붙여 완성한다. 한쪽에는 앞면, 다른 한 쪽에는 뒷면에 붙인다.

스트레이트S(3)666

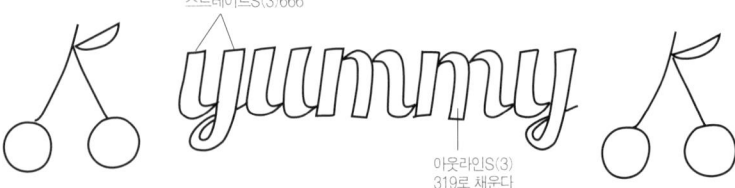
아웃라인S(3) 319로 채운다

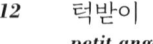

12 턱받이
petit ange

준비물 | 리넨 26×32 2장(겉감1, 안감1), 원형 벨크로 1쌍
실 | 666, 3345, 319
규격 | 19.5×26.5

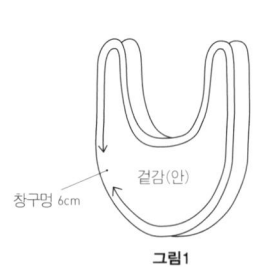
겉감(안)
창구멍 6cm
그림1

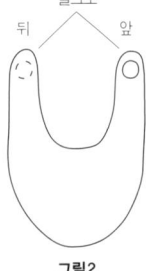
뒤 벨크로 앞
그림2

※ 200% 확대해서 사용(실사이즈 19.5×26.5)

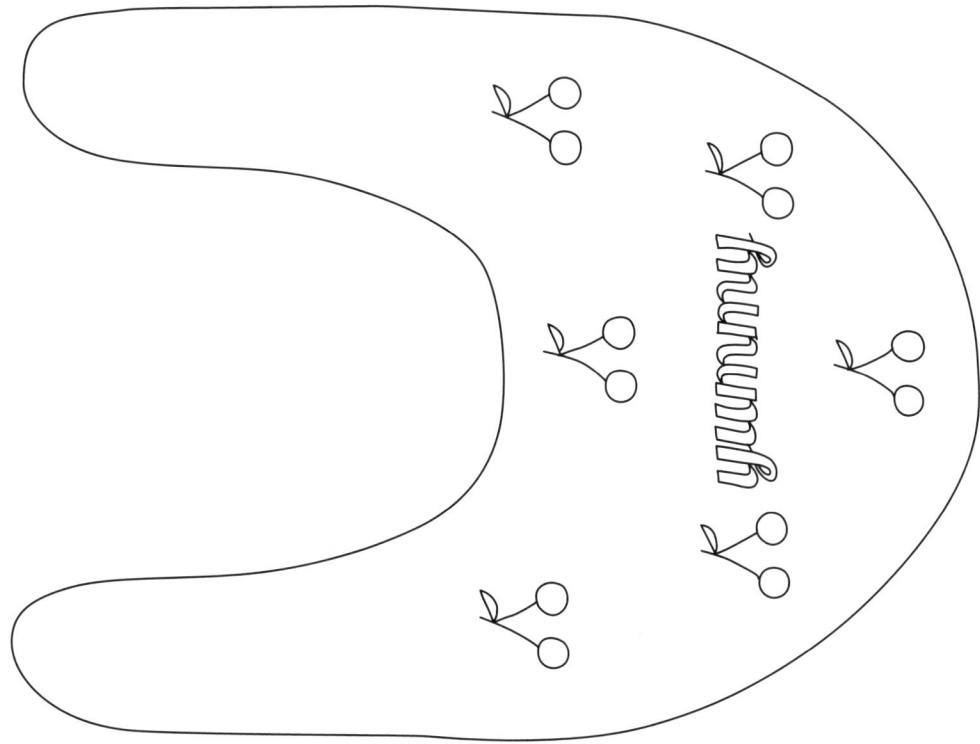

※ 모두 2가닥

a

아웃라인S
레이지데이지S
프렌치넛S

b

레이지데이지S
프렌치넛S

13 리본 머리핀 *petit ange*

준비물 | 리넨 20×10 (겉감), 겉감과 같은색 리넨 10×3 (띠), 집게핀, 수예용 솜 조금
실 | a - 310, 727, b - 996, 722
규격 | 7×4
그림의 위치대로 수를 놓은 후
4변에 시접 1cm를 남기고 재단한다.

how to make. 리본 머리핀(p.75) 참조

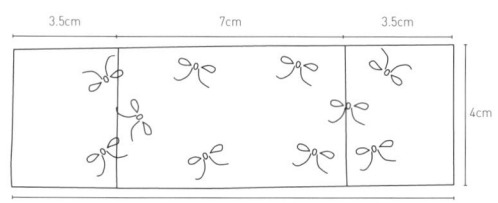

1. 펠트지에 패턴을 옮기고 패턴대로 자른다.
2. 그림의 위치에 도안을 옮겨 수를 놓는다.
   (소소한 tip - '펠트에 도안 옮기는 법' p.63 참조)
3. 양 끝을 모아서 고깔형태를 만든 뒤 겹쳐진 펠트 부분을 공그르기한다(되도록 고깔 안쪽에 손을 넣고 공그르기한다.)
4. 고깔의 끝에 양모볼을 바느질로 달아준다.
5. 적당한 길이로 자른 리본을 고깔의 좌우에 박음질해 달아준다.

※ 125% 확대해서 사용(실사이즈 7.8×10)

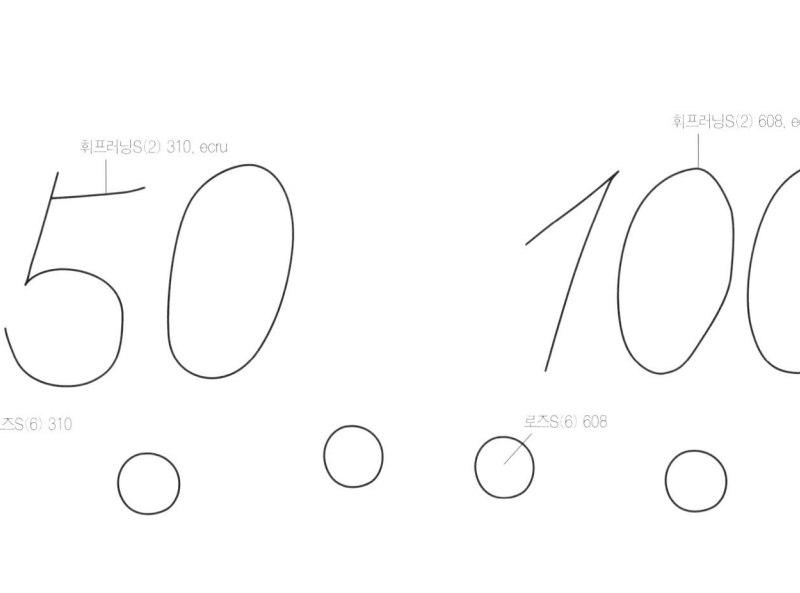

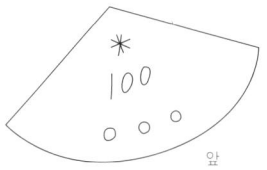
앞

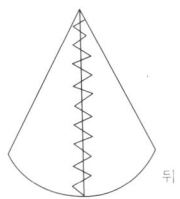
뒤

14 고깔 모자
petit ange

준비물 | 펠트지 1장, 양모볼, 리본끈
실 | ecru, 노란색(310) 회색(608)

advice. 펠트지에는 수틀을 끼지 않고 수를 놓습니다. 하드펠트에 수를 놓을 때 실을 여러 가닥 끼우면 바늘이 들어가는 게 다소 빡빡하게 느껴질 수 있으니 주의하세요. 이 책에서는 모두 하드펠트지를 사용했습니다.

※ 125% 확대해서 사용(실사이즈 한 쪽 변이 14.4)

※ 모두 3가닥

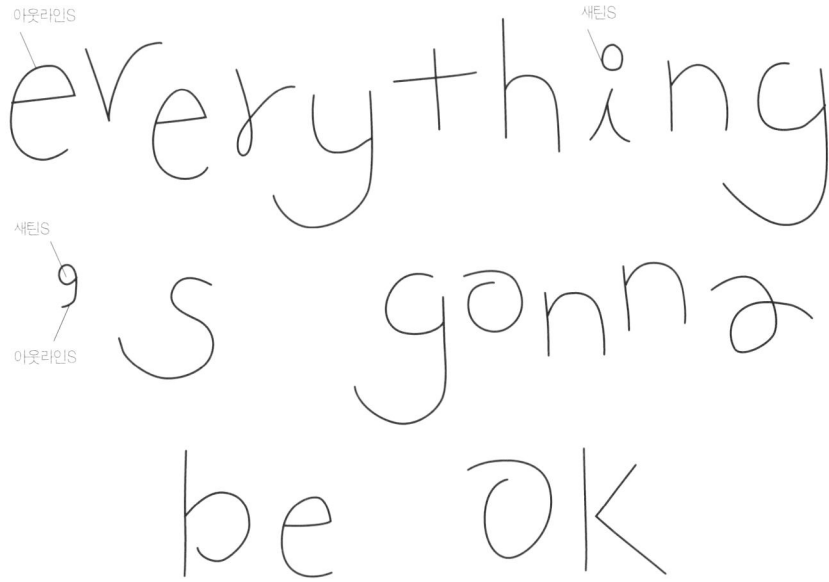

15 앞치마
mon amie

준비물 | 시판용 앞치마
실 | 608

시판용 앞치마의 원하는 위치에 도안을 옮겨 수를 놓는다.

1. 펠트지에 원하는 모양의 도형을 그린 후 시접 0.7cm를 더해 재단한다. 뒤쪽에 덧붙일 펠트지도 필요하므로 같은 사이즈로 두 장 준비한다.
2. 앞면이 될 펠트지에 이니셜 도안(책에서는 대문자 B)을 옮겨 수를 놓는다. 앞면과 뒷면을 겹쳐놓고 도형의 외곽선을 따라 백스티치하여 양면이 붙게 한다. 뒤 쪽에 글루건을 이용해 브로치 핀대를 붙이면 완성.

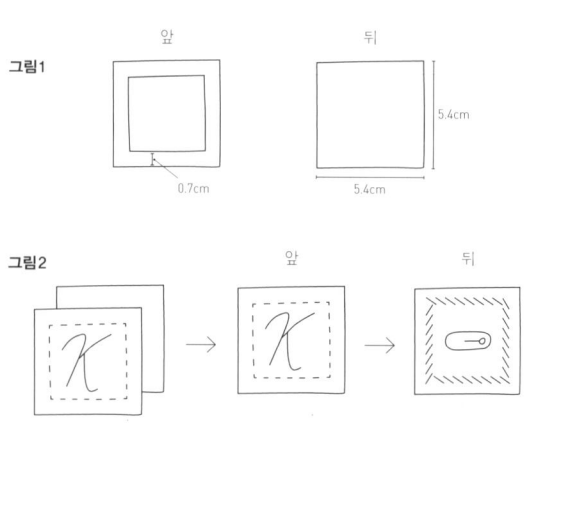

※ 모두 2가닥

백S 310
아웃라인S 310

백S 939
아웃라인S 939

백S blanc
아웃라인S blanc

16 브로치
mon amie

준비물 | 펠트지 1장, 브로치 핀대, 글루건
실 | 310, blanc, 939 대문자B(3777), 모두 2가닥
규격 | 하트: 4.5×3.5 삼각형: 4×3.5 사각형: 4×4

98

※ 모두 2가닥

체인S로 채운다 721/ 699

휘프체인S 648

백S 310

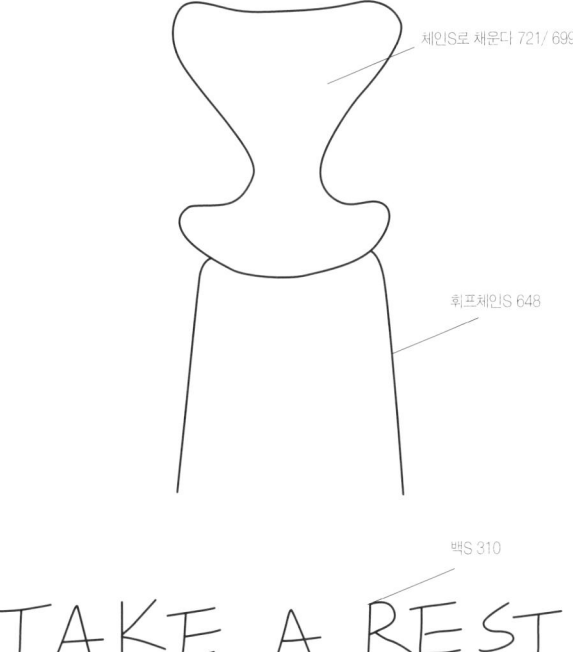

TAKE A REST

**17 의자
    액자**
mon amie

준비물 | 캔버스(15.8×22.5), 리넨 (25×33), 딱풀, 타카, 마스킹테이프
실 | 주황의자(721), 초록의자(699), 310, 648
규격 | 15.8×22.5(완성 액자)
원단의 중앙에 도안을 옮겨 수를 놓은 다음 캔버스에 붙여준다.

how to make. 캔버스 액자(p.74) 참조
advice. 체인 스티치로 면을 채울 때는 체인의 땀을 작게 하고 가장자리부터 수를 놓습니다.

1. 겉감에 도안을 옮겨 수를 놓은 다음 뒤쪽에 13×13 프레임을 그리고 시접 1cm를 남긴 후 재단한다. 안감도 같은 사이즈로 재단해 준비한다.
2. 자수가 안쪽에 들어가도록 겉감과 안감을 맞댄 후 창구멍 4cm를 남기고 박음질 한다.
3. 모서리마다 가위집을 내고 창구멍을 통해 뒤집는다. 창구멍은 공그르기하여 막고 원하는 위치에 태슬을 달아 완성한다.
(how to make - 태슬 만드는 법 참조)

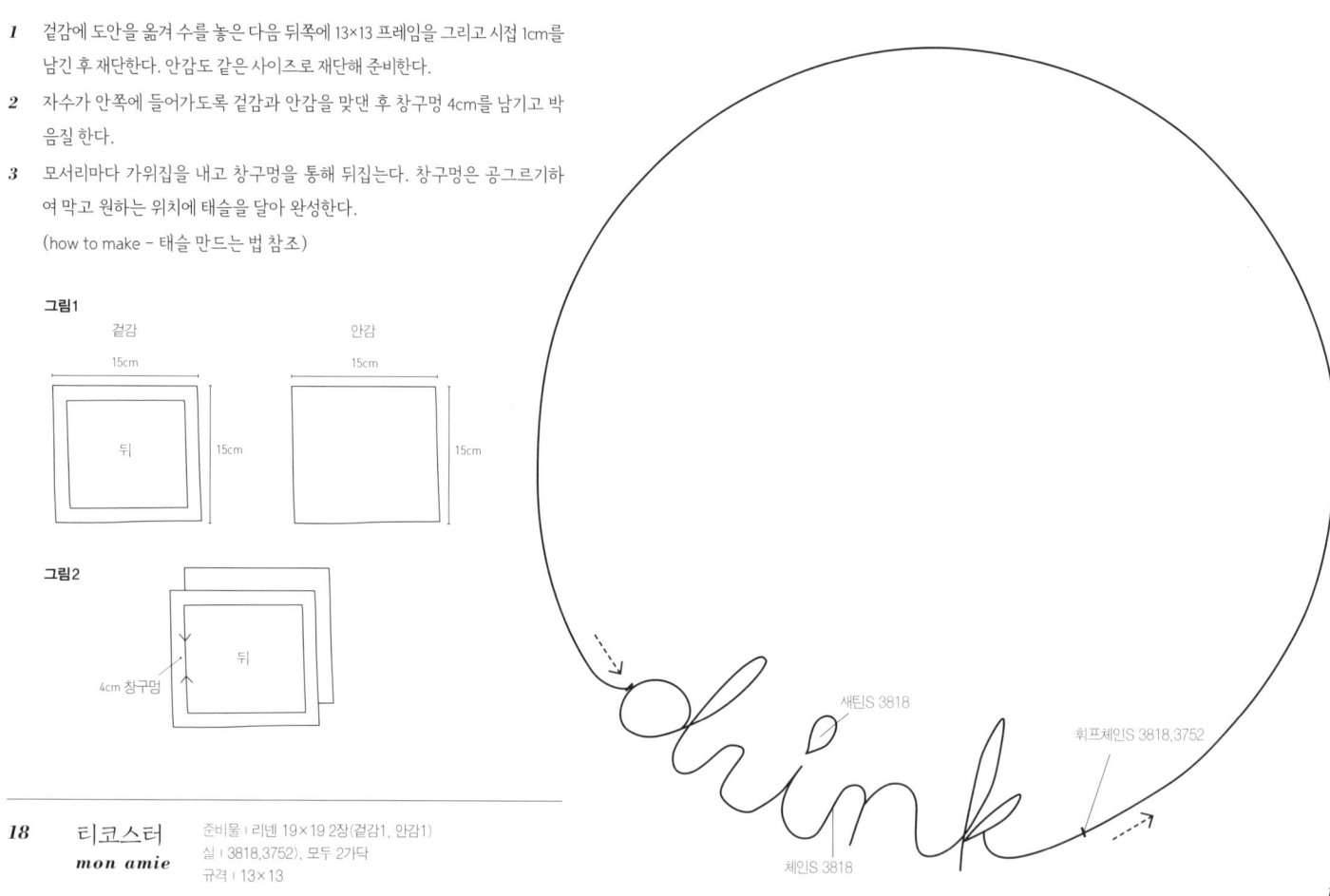

그림1
겉감 / 안감
15cm / 15cm
뒤 / 뒤
15cm / 15cm

그림2
4cm 창구멍
뒤

새틴S 3818
체인S 3818
휘프체인S 3818, 3752

18 티코스터
mon amie

준비물 l 리넨 19×19 2장(겉감1, 안감1)
실 l 3818, 3752), 모두 2가닥
규격 l 13×13

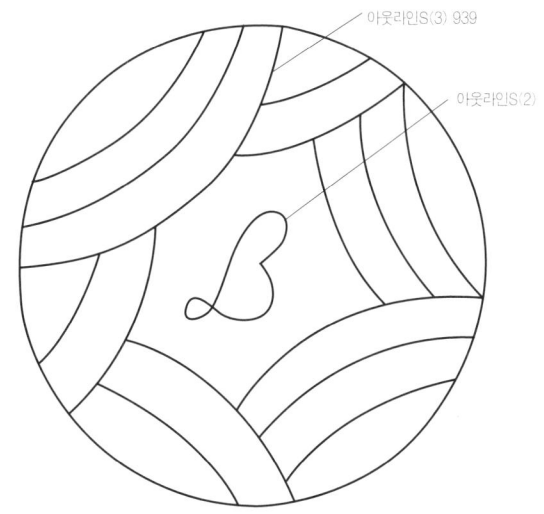

19 거울
mon amie

준비물 | 15×15 리넨 1장, 양면 손거울
실 | B - 939, C - 915, L - 796
도안을 옮겨 수를 놓고 거울에 붙여준다.

how to make. 거울(p.73) 참조

아웃라인S(2) 3777

A B C D E F G H I
J K L M N O P Q R
S T U V W X Y Z

알파벳
대문자 6

| 20 | 레터링 셔츠 *pour moi* | 준비물 | 시판용 셔츠
실 | 823, 939, 803, blanc
셔츠의 양쪽 소매에 도안을 옮겨 수를 놓는다.

advice. 수놓을 용도의 시판용 셔츠를 고를 때는 너무 얇지 않고, 비교적 신축성이 적은 뻣뻣한 원단으로 선택하는 게 좋습니다. |

Salut

휘프체인S(2) 606 / 3865, 996

21	레터링 티셔츠 *pour moi*	준비물 l 시판용 면 티셔츠 실 l 회색 티셔츠(606), 초록색 면(3865, 996) 면 티셔츠 원하는 위치에 도안을 옮겨 수를 놓는다. ***advice.*** 신축성이 많고 얇은 면 티셔츠의 특성상 초보자가 수를 놓기란 쉽지 않습니다. 가급적이면 리넨처럼 수놓기 좋은 원단에 충분한 연습을 해보세요. 면 티셔츠에 수를 놓을 땐 실과 원단을 너무 잡아당기지 않도록 주의합니다.

선물 자수

초판 1쇄 발행 2017년 4월 28일
초판 2쇄 발행 2017년 5월 8일

지은이 장정은
펴낸이 김선식

경영총괄 김은영
기획·책임편집 이은 **책임마케터** 양정길, 최혜진
콘텐츠개발3팀장 이상혁 **콘텐츠개발3팀** 이은, 윤세미, 김수나, 심아경
마케팅본부 이주화, 정명찬, 양정길, 최혜진, 최혜령, 최하나, 김선욱, 이승민, 이수인, 김은지
전략기획팀 김상윤
경영관리팀 허대우, 권송이, 윤이경, 임해랑, 김재경
외부스태프 스튜디오 J
장소협찬 원 오디너리 맨션

펴낸곳 다산북스 **출판등록** 2005년 12월 23일 제313-2005-00277호
주소 경기도 파주시 회동길 357 3층
전화 02-702-1724(기획편집) 02-6217-1726(마케팅) 02-704-1724(경영관리)
팩스 02-322-5717 **이메일** dasanbooks@dasanbooks.com
홈페이지 www.dasanbooks.com
블로그 blog.naver.com/dasan_books
종이 한솔피엔에스 **출력·인쇄** 민언프린텍
ISBN 979-11-306-1198-3 (12630)

• 책값은 뒤표지에 있습니다.
• 파본은 구입하신 서점에서 교환해 드립니다.
• 이 책은 저작권법에 의하여 보호를 받는 저작물이므로 무단 전재와 복제를 금합니다.
• 이 도서의 국립중앙도서관 출판시도서목록(CIP)은 서지정보유통지원시스템 홈페이지(http://seoji.nl.go.kr)와
  국가자료공동목록시스템(http://www.nl.go.kr/kolisnet)에서 이용하실 수 있습니다. (CIP제어번호 : CIP2017008753)

> 다산북스(DASANBOOKS)는 독자 여러분의 책에 관한 아이디어와 원고 투고를 기쁜 마음으로 기다리고 있습니다.
> 책 출간을 원하는 아이디어가 있으신 분은 이메일 dasanbooks@dasanbooks.com 또는 다산북스 홈페이지 '투고
> 원고'란으로 간단한 개요와 취지, 연락처 등을 보내 주세요. 머뭇거리지 말고 문을 두드리세요.